**Dedicatoria:**

*"Dedicado a todos los que siendo héroes en sus trabajos aún se encuentran en espera de una oportunidad."*

*"No planear es planificar el fracaso"*

*Alan Lakein*

# Desde las Trincheras
# Administración de Primera Línea

*"Cada variable era una posibilidad, cada posibilidad una incertidumbre, cada incertidumbre una oportunidad."*

SANTIAGO POSTEGUILLO

**Introducción:**

*¿Qué encontrarás en este libro?*

Una guía práctica y breve de lo que significa ser gerente por primera vez. Algunas preguntas y respuestas de lo que al **"Nuevo Líder"** le espera. El tema por lo tanto es importante porque les permitirá a esos líderes bisoños prepararse para no sucumbir fácilmente ante los retos y la adversidad que le espera.

Está dirigido también a quienes ocupan los puestos de gerentes de línea y que con su trabajo logran materializar los planes, metas y logros de la organización. Son quienes realmente llevan a hacer realidad todo lo que se planifica y se busca de la alta dirección.

*¿Y de donde viene lo escrito aquí?*
De los más de 13 años de experiencia que me toco vivir como gerente de línea en empresas multinacionales como los son **Bellsouth, Telefónica** y **TIGO** (Millicom) en Guatemala a cargo e las gerencias de Facilidades, De Obra Civil, de Mantenimiento de Infraestructura y recientemente como Gerente de Ventas de la empresa **CEMGUA**.

CEMGUA es una empresa dedicada a importar cemento para comercializarlo en Guatemala que recién inició sus operaciones en el año 2020 en un período marcado por el Covid 19.

La experiencia en CEMGUA ha sido extremadamente provechosa ya que a lo largo de 2 años (desde octubre del 2019) me tocó trabajar en equipo y estrechamente con Gerardo Cabrera, un venezolano que desde hace varios años ha hecho de la tierra del quetzal su hogar.

Es mucho lo que he podido aprender de Gerardo trabajando para formar y liderar un equipo de ventas en un mercado monopolizado y altamente competitivo como lo es el mercado del cemento en Guatemala.

El enfoque que se le está dando a tan importante tema es narrativo con algunos ejemplos de la historia universal, algunos de mi experiencia personal, todos ellos bajo un punto de vista práctico apoyado en las tendencias evolucionadas de gestión de personal, humana y de la administración moderna.

Estimado lector así que espero te sea de gran utilidad.

# Capítulo 1

*Repasemos un poco ¿Qué se ha escrito hasta la fecha en relación a los líderes?*

*"No existe la suerte. Sólo hay preparación adecuada o inadecuada para hacer frente a una estadística."*

**Robert Heinlein**

Muchos libros de administración abordan temas que se conectan con habilidades y conocimientos básicos o de moda desde el liderazgo al trabajo en equipo; desde las actitudes y forma de pensamiento hasta los diversos enfoques para afrontar problemas. Se ha hablado del entorno, la competencia el papel de los colaboradores dentro de la organización y un sin fin más de temas que alternativamente se van luciendo y exponen parte de la realidad de los negocios y temas diversos involucrados en el mismo. El encanto de estos libros se da por el hecho de ser nuevos con reseñas y títulos sugerentes que hacen entrever que esconden secretos, los que al descubrirlos y aplicarlos nos darán una especie de varita mágica que permitirá de la noche a la mañana mejorar nuestro desempeño o alcanzar las metas laborales o de éxito pendientes y que a la postre nos llevará en última instancia a alcanzar la felicidad por la vía del éxito monetario o el poder.

Todos los temas administrativos disponibles toman el enfoque personal, (autodesarrollo, autoestima, desarrollo de habilidades) y el enfoque desde la perspectiva más alta. Esto es enfoque estratégico, global, hacia fuera; y esto, aunque es muy bueno lo es también incompleto. La propuesta planteada aquí es diferente, ¡es complementaria!

El enfoque que presento casi siempre ha quedado rezagado y es el que le da vida al presente libro desde su título. Un libro que pretende hablar de algo importante bajo un punto de vista particular que invariablemente la inmensa mayoría de los que ha triunfado ha debido superar, porque les ha tocado vivirlo en carne propia.

Es la situación y el punto de vista del Gerente de Línea, en relación a los temas y aspectos que más le afectan en su trabajo diario lo que nos permitirá explorar una posición muy importante que muchas veces se encuentra relegada.

### ¿Quién es el Gerente de Línea?

Es el oficial en el campo de batalla. Es aquel que debe estar en el día a día viendo cómo se desarrolla la acción, pero que al mismo tiempo debe alinear los resultados y objetivos de la organización. Según la teoría administrativa es el que debe manejar perfectamente todas las habilidades administrativas, de liderazgo de comunicación y al mismo tiempo ser lo suficientemente hábil para tomar acciones inmediatas que las circunstancias o el medio lo demanden dentro de los lineamientos establecidos por la alta dirección. Por lo que como vemos su posición es difícil y complicada.

Se espera que el Gerente de Línea sea un líder, uno que se encuentra en formación y de este grupo es de donde saldrá muchos años después los futuros directores, gerentes generales y los dirigentes que administrarán grandes recursos, personal y las decisiones que pueden llevar a sus empresas muy alto o como ha ocurrido muchas veces a la ruina total. El grupo de gerentes de línea es la tierra fértil que debe dar por frutos, los líderes que encabezarán las organizaciones que hacen que el mundo funcione. Ejemplos abundan en la historia de personajes que han podido ascender rápidamente por mérito propio, tal es el caso de **Rommel, Napoleón, Patton**. Y en el mundo de los negocios es posible señalar a **Henry Ford, Rockfeller** y **Gates** entre otros.

La historia nos presenta diversos casos de personajes que han triunfado y ascendido por la fuerza de su ingenio, iniciativa y energía que brota de su interior. En este libro se explorarán la situación de los líderes al inició de su carrera hasta justamente antes de saltar a la fama y al poder. Una etapa difícil al encontrarse a cargo de recursos y personal limitados, debiendo asumir retos en una situación complicada, a menudo reportando a un superior en muchos casos con una capacidad muy inferior a la de ellos. Se sienten limitados por superiores que no entienden el negocio ni la dimensión de lo que es posible lograr. ***"Si los superiores tan siquiera entendieran las coyunturas que se presentan"***. Y que ellos con su enorme poder de observación, ingenio y experiencia no les quedan más opciones que dejar pasar oportunidades que son de oro. Y si además de tener que trabajar con un jefe inepto, le toca tener que enfrentarse a compañeros mediocres que buscan por todos los medios subir pasándose sobre todo y todos.

Adentrándonos en el pasado es posible descubrir lo importante que resulta para la sociedad el contar con líderes capaces. Roma Imperial y todos los grandes imperios que existieron antes y después han triunfado y llegado a la cúspide guiados por líderes brillantes e invariablemente han decaído y fracasado llegando a la ruina cuando tales personajes han escaseado. En más de una oportunidad ha habido pueblos que ya vislumbraban los frutos de un futuro lleno de gloria porque en su momento han contado con un visionario que los podía llevar allí y de pronto la mala fortuna los ha dejado fuera truncándose tan anhelados sueños, quedando de su gran líder solo el recuerdo de la brillantez de su ingenio inicial. Un buen ejemplo de ello es el fugaz ascenso del general y político *Epaminondas* quien llevó a liberar la ciudad estado de Tebas del yugo de la poderosa Esparta derrotándola y relegándola a un segundo plano junto con la también gloriosa Atenas su otro gran rival. El ascenso de Tebas no fue casual, fue fruto del ingenio de su líder quien logró demostrar ser un ejemplo incorrupto para seguir, con ideas claras e innovadoras y una forma de ver tanto la política como el campo de batalla de forma integral muy adelantada a su tiempo. De él nos quedó el revolucionario desempeño del ejercito Tebano contra la hasta ese momento imbatible Esparta quienes fueron derrotados en la memorable batalla de Leuta en el año 371 AC y las acciones que realizo posteriormente que consistió en liberar las ciudades que le daban soporte económico. Solo un estratega tan sagaz como *Epaminondas* podía haber comprendido que para derrotar definitivamente a su gran enemigo no bastaba el campo de batalla, debía también hacerlo económicamente. Tal estrategia supuso para los espartanos la derrota definitiva para nunca más volverse a levantar.

La batalla de Martinea contra los atenienses 9 años después fue catastrófica para Tebas. El resultado a corto plazo fue bueno porque se ganó y aseguro un breve respiro afianzándola inicialmente. Esta situación contrasta con las consecuencias a largo plazo de las acciones bélicas porque el gran líder murió en el campo de batalla. Es decir que lo que se ganó a corto plazo no compensa lo perdido a largo plazo. Fue trágico para un pueblo que ya empezaba a sentirse grande entre los grandes perder al líder. No habiendo nadie que llegara a la capacidad que tenía **Epaminondas**, lo que privo a Tebas de toda esperanza de consolidarse definitivamente. Su ascenso fue fugaz terminando apenas 25 años después de haber comenzado. Siendo los macedonios dirigidos por Filippo II y su hijo Alejandro Magno los que se encargaron de terminar truncando tales aspiraciones.

Por lo expuesto es posible afirmar que el factor más importante para que una nación, una empresa, una familia pueda triunfar se encuentra en las manos de sus líderes. La falta de uno capaz, aunque se tengan todas las demás condiciones será un obstáculo insalvable que limitará enormemente las posibilidades de triunfo.

Es esta la razón por la que es tan importante el contenido de este libro. Tanto la sociedad como las empresas necesitan estudiar a profundidad la simiente que da origen a los grandes líderes. Esto porque ¿¡Como una nación, una empresa o la sociedad pueden asegurarse de que tendrá los líderes que serán necesarios en el futuro!? A mi forma de ver la única opción es estudiar de donde vienen para de alguna forma tratar de evitar que la mediocridad, la envidia o los malos jefes con poder puedan impedir el desarrollo de tales personajes.

En este libro se hará un análisis de diversas situaciones que se presentan en los puestos de liderazgo como son la gerencia, la forma en que las personas ascienden dentro de las organizaciones, las fuentes de poder y las batallas que se libran en este nivel. Se estudiará a los "oficiales" que luchan por alcanzar esa cuota de poder que les permita ascender dentro de la organización, revisaremos los éxitos de quienes sobreviven y el cementerio de personas que tenían toda la capacidad pero que sucumbieron ante los embates de la mediocridad y la envidia.

Si tu quien lees estas líneas eres un gerente de línea que se ve envuelto en situaciones similares a las descritas en estas páginas, entonces la lectura te podrá servir en cierta forma de catarsis, algo así como cuando se va a los grupos de ayuda mutua, en donde la experiencia de los demás, permite ver la propia situación de una forma distinta, bajo una luz diferente que ilumine algunas opciones que se han quedado en la sombra y que de otro modo no hubiéramos podido observar.

Ahora bien, si tu quien estás leyendo eres el que está asumiendo el papel de jefe o compañero del protagonista de este libro, entonces la lectura te servirá como una forma de reflexión que te ayude a entender a ese alguien que parece no encajar con el grupo. Te servirá para evaluar la propia actuación desde un enfoque distinto y quizás comprender que ese compañero que te parece inadaptado realmente es un líder visionario incomprendido. Lo que puede igualmente ser extremadamente beneficioso para que tomes conciencia del papel o rol que cumple esa persona en su día a día y del papel que quieres jugar como apoyo a un visionario que puede llegar muy lejos o si quieres pasar a la historia como el malo del cuento que será recordado por el papel que jugó como un obstáculo en su vida.

Es por ello por lo que el tema desarrollado en estas páginas se convierte en muy importante porque algunos de los planteamientos expuestos pueden servir para meditar si nuestro actuar es una jugada equivocada en la partida de la vida o si hay alguna otra más que no podemos ver simplemente por estar inmersos en nuestra propia existencia lo que nos vuelve ciegos al propio error.

Una búsqueda en Google en Armazón o en cualquier librería sobre liderazgo arroja muchísimas opciones que incluye ejemplos de personajes que se han convertido en tales. Se habla de la definición de líder, sus rasgos, características, psicología, situaciones y un sinfín más de aspectos. Es por lo tanto un tema muy estudiado desde distintos enfoques y disciplinas y por múltiples autores. Esto porque la sociedad, las organizaciones, el mundo moderno siempre están necesitado de líderes que las impulsen, que les provean de inspiración de energía. Es esta la razón por lo que hay disponible una infinidad de teoría, estudios, libros, seminarios, conferencistas y cursos por doquier que hablan del tema. Muchos de ellos abordando también los aspectos que puedan permitir surgir el líder que hay dentro de cada quien.

En estas páginas sin embargo elegimos abordar el tema de los gerentes de línea que por naturaleza traen en la sangre la casta de líderes y que están destinados a asumir papeles muy importantes en el futuro. Es por lo tanto una mirada a la cuna de donde salen. Y para que dicha mirada tenga sentido empezaremos repasando algunas ideas que han surgido en torno al liderazgo que viene siendo el componente más importante que deben tener tales personajes.:

El liderazgo es la fuerza que mueve la voluntad de las personas para llevar adelante acciones para completar tareas, lograr objetivos, asumir responsabilidad, sumar esfuerzo. Quien consigue lograr mucho de esto es el líder. Lo importantes de tal definición está en el hecho que los ejecutores lo hacen porque lo desean, porque lo quieren hacer, porque están convencidos y motivados.

Aunque hay otras formas de lograr que las personas lleven adelante acciones, ninguna de las mismas es liderazgo a menos que las personas realmente lo quieran hacer. La esclavitud, la coacción el engaño y todo lo que se relacione con estos conceptos no son liderazgo.

El ser humano es un ser social y requiere de los demás seres humanos para lograr realizar prácticamente todo lo que necesita para sobrevivir. La humanidad se ha construido sobre los hombros de todos los seres humanos que han existido y se seguirá construyendo de esta forma. Se requiere por lo tanto de un esfuerzo común unificado y consistente que se ha conseguido a lo largo de toda la existencia humana por el pegamento que une voluntades que llamamos liderazgo.

Las sociedades en donde escasea el liderazgo se derrumban y desaparecen. La historia lo ha demostrado muchas veces. Por lo que toda comunidad humana que quiere perdurar se ha construido procurando su surgimiento. La sociedad moderna no es la excepción. Tal necesidad ha impulsado un enorme esfuerzo para promover la aparición de líderes a todo nivel en todo tipo de organizaciones y en todos lados. En la actualidad el concepto se ha unido a otros como lo es:

- Emprendedores a nivel de creadores de empresas nuevas.
- Pensadores o los teóricos que llevan a la humanidad un paso adelante.
- Influenciadores a nivel de redes sociales.
- Motivadores, políticos, empresarios, conferencistas, héroes deportivos, presentadores y un sinfín de profesiones de diversas disciplinas.
- Multimillonarios, dueños de las grandes corporaciones que sin duda tienen una enorme influencia en el destino y rumbo que toma la humanidad.

Por lo que en el ámbito laboral se ha buscado, estudiado, cultivado y promovido su surgimiento.

## Capítulo 2

*Las frustraciones que debe soportar el nuevo gerente de línea*

## "La formulación de un problema, es más importante que su solución."

ALBERT EINSTEIN

En la biografía de **Edwin Rommel** el 29 de enero de 1,915 durante la primera guerra mundial hay un hecho en particular que ejemplifica lo que han debido sentir muchos gerentes de línea muy capaces que les toca soportar en determinado momento jefes con una capacidad muy inferior. En esta fecha el intrépido y sagaz en aquel entonces oficial de bajo rango Rommel descubre un punto débil en la alambrada del enemigo y sin dudarlo procede a atacar por sorpresa con sus hombres a los franceses con lo que logró abrir una importante brecha en su defensa y tomar 4 Casamatas del enemigo. Después de defender con éxito su ventaja durante todo el día, no le quedo más alternativa que retirarse frustrado al comprobar que su superior era incapaz de entender lo que significaba aprovechar una ventaja tan importante. No podía entender como su subordinado pudo actuar por cuenta propia. Una acción tan intrépida solo la hubiera entendido un oficial superior si este fuera tan brillante como lo era **Rommel**. En este incidente el gran general no solo no fue comprendido, peor aún fue duramente reprendido por el riesgo asumido.

Rommel en este hecho histórico es un notable ejemplo de lo que es un verdadero líder con la mente clara que sabe lo que se debe hacer y que sin embargo tuvo que soportar jefes ineptos.

Durante la guerra que libro Alemania en los desiertos de África, Rommel se ganó con toda propiedad el mote de Zorro del desierto cuando puso en apuros a los aliados, los que se encontraban mejor equipados y apoyados para tal emprendimiento. Fue tal su ingenio que pudo ponerlos en jaque en más de una oportunidad sirviéndose de los suministros aliados para poder mantener una guerra de altura. La historia recuerda estos hechos enfatizando la frustración que sintió el gran general al no poder contar con los refuerzos, suministros y apoyo que esperaba de Hitler.

No es fácil imaginar lo que sintió Rommel cuando fue relevado del cargo y al poco tiempo 200,000 de sus ex subalternos fueron tomados prisioneros acabando con un episodio que es ampliamente conocido en la actualidad y que ha pasado a formar parte de los anales de la historia universal. Pensemos por un momento lo frustrante que fue para los aliados observar que no había nadie con la capacidad de doblegar a su hábil contrincante y de pronto se encuentran con la suerte de descubrir que su rival es relevado por su jefe inepto que no comprendió la genialidad que brotaba en cada uno de los actos que realizaba.

Situación similar le ocurrió a **Anibal** el cartaginés durante el desarrollo de la **Segunda Guerra Púnica** cuando contra todo pronóstico derroto de forma humillante una y otra vez al poderoso ejército romano en su propio suelo en las célebres batallas de Trebia, batalla del lago Trasimeno y batalla de Cannas que son consideradas aún en la actualidad como ejemplos magistrales de estrategia y demuestran la enorme capacidad militar de Annibal. Ante la imposibilidad de no poder vencer a tan brillante general, Roma se vio obligada a no enfrentar en campo abierto a su enemigo y asumir una guerra de guerrillas lo que era deshonroso y humillante para él glorioso imperio que se estaba formando. Y todo porque no podían encontrar a nadie que estuviera a la altura del líder cartaginés. En este caso la historia recuerda como la enorme capacidad de **Annibal** se vio opacada por la incapacidad de la metrópoli en donde gobernaban personas muy hábiles en hacer negocios, pero incapaces de entender la importancia que tenía para el futuro de su nación apoyar a su ejército que se encontraba peleando en el continente europeo en tierras romanas. Después de 10 años de heroicos esfuerzos de **Annibal** en un impase que fortaleció a Roma, Cartago termino siendo derrotada. Y al igual que lo ocurrido con Alemania, Cartago no fue capaz de aprovechar la brillantez de un oficial al frente de batalla, que les confería una enorme ventaja que bien aprovechada pudo inclinar la balanza a su favor y con ello haber cambiado la historia.

Los romanos siempre conservaban las ciudades que conquistaban y estos reinos se anexaban a su imperio. En el caso de Cartago, esta fue destruida por los romanos cuando fue tomada al finalizar la tercera Guerra Púnica porque no podía seguir existiendo una ciudad y una civilización que les recordará sus debilidades. Esto significo el fin de una brillante civilización que tuvo la insolencia de humillarlos con un ejército muy inferior en número como nadie lo hizo antes ni después bajo el mando de **Annibal**.

Estos ejemplos magistrales de la historia universal de líderes con una alta capacidad, pero con la desventaja de tener jefes ineptos es muy común y mucho más de lo imaginado. En el ambiente de trabajo diario en las empresas modernas que libran día a día batallas mercadotécnicas en donde los territorios conquistados son participación de mercado, se repiten a diario historias similares a la de **Annibal** y **Rommel**. Y al igual que ellos, muchos gerentes de línea se sienten frustrados debiendo tragarse su amargura y continuar bregando contra la corriente de la ineptitud de sus jefes.

En los negocios la situación no ha sido diferente. Recordemos como el ejemplo más conocido actualmente el pulso librado entre **Steve Jobs** y **John Sculley** en el que este último con apoyo de la junta directiva de Apple termino sacando de las decisiones de la compañía a su fundador en 1,995. Todos saben quién es **Steve Jobs**, mientras muy pocos saben el nombre de **John Sculley**. Lamentablemente en estos casos no basta el ingenio para ganarle el pulso a la mediocridad y solo el tiempo ha podido hacer justicia al darles la razón a los líderes derrotados.

Pero ¿qué pasa con muchísimos de los miles de líderes brillantes que han tenido que soportar situaciones similares? ¿Cuantos en este momento están siendo derrotados y opacados por jefes incompetentes que, por el simple hecho de tener el poder, tienen la potestad de aniquilar la excelencia? Estoy seguro de que muchos de quienes están leyendo estas líneas comprenden perfectamente lo que estoy afirmando ya sea porque lo han vivido en carne propia o porque han conocido muy de cerca situaciones como esta.

Hollywood se encuentra obsesionado por situaciones como esta al punto que ya es ampliamente conocido el cliché argumental en la que un científico muy brillante de pronto descubre algo crucial que lo comunica a sus superiores, quienes ni son tan inteligentes ni le dan el mínimo crédito y que invariablemente lo ignoran o desdeñan. Ocurre posteriormente que por culpa de la ineptitud de tal jefe la humanidad se ve en peligro ya sea porque vienen los extraterrestres y toman de sorpresa a todos o porque el mundo se va a terminar por cualquier circunstancia. Pero resulta que ya cuando todo parece perdido de pronto viene nuevamente el científico brillante y termina salvando al mundo entero gracias a su ingenio. Al final de la película resulta que todos reconocen sus habilidades y su jefe inepto termina recibiendo la humillación que se merece.

De alguna forma todos quisiéramos ser protagonistas de una película similar y somos muchos los que en algún momento hemos tenido una fantasía como está. Pienso que si Hollywood ha forjado este chiché es porque efectivamente esta situación ocurre continuamente en todas partes, y es lamentable que tal fantasía no nos ocurra. Nunca ha ocurrido y nunca ocurrirá, por lo menos no tan dramáticamente como lo plantea Hollywood. Así que tendremos que poner los pies en la tierra y ver qué podemos hacer con lo que tenemos en donde estemos y estudiar en detalle algunos hechos que si han ocurrido para revertir las situaciones desfavorables y estar en una posición más cómoda que nos permita sobrevivir y salir adelante.

Con la imagen clara de tales situaciones procedamos a analizar en el siguiente capítulo las tareas que debe atender todo aquel que ocupa el puesto de gerente de línea por primera vez.

# Capítulo 3

*Las tareas que debe enfrentar el nuevo gerente de línea*

*"No es lo que tu tienes, sino como usas lo que tienes lo que marca la diferencia."*

Zig Ziglar

## PRIMERA TAREA:

*"Comprendiendo el entorno"*

Comprender no significa aceptar. La razón por la que se debe comprender es porque esta se convierte en la única forma de poder neutralizar las amenazas para que no nos hagan daño, al mismo tiempo que se aprovechan las condiciones favorables.

Comprender el entorno también significa tener la capacidad de reconocer la labor bien realizada y los aciertos de quienes han estado antes. En la Antigua Grecia el Tebano **Epaminondas** no fue el primero en utilizar la brillante táctica de batalla de la falange profunda que le dio la victoria contra los espartanos. Ya antes el general **Pagondas** la había utilizado en la batalla de Delio contra los atenienses. Es decir que no se le ocurrió de la noche a la mañana. Lo brillante de su liderazgo estriba en que estudió la experiencia de su antecesor lo que le permitió saber cómo neutralizar las debilidades y potenciar las virtudes que tenía la formación de batalla que usaba su ejército a un punto tal que fue capaz de utilizar tal estrategia de forma magistral para ganar batallas a los rivales más duros y difíciles de aquel tiempo.

Es difícil desarrollar nuevas ideas innovadoras que sean mejores que lo ya se está haciendo. Un verdadero líder es el que tiene la suficiente sabiduría para evaluar con cuidado y sin prejuicios lo que se está haciendo, para luego aprovechar lo bueno y desechar lo malo. Es capaz de adentrarse en lo medular para luego introducir los cambios en donde realmente impacten. He conocido personas que se creen líderes que, al llegar a un puesto de trabajo nuevo, lo primero que hacen es desechar todo lo que hacía su antecesor. Son tan arrogantes que creen que ellos desde el inició van a ser capaces de solucionar todo e implementar procesos perfectos cuando ni siquiera conocen bien y en detalle lo que se está haciendo. Es como si te dieran una caja cerrada y sin conocer que hay adentro decidiéramos tirarla a la basura. Tal acción podría efectivamente tirar procesos basura, aunque lo más seguro es que también tiráramos joyas preciosas. A mi forma de ver es esta la forma más estúpida de actuar. Esa arrogancia precipita muy rápidamente al abismo a tales personajes.

Todo gran general de la historia ha sido capaz de entender su entorno y pasado para que tal conocimiento le otorgue circunstancias a su favor y en contra de sus enemigos para cosechar triunfos. De igual forma los líderes empresariales exitosos han sabido comprender el medio en donde se encuentran.

Comprender el entorno también implica reconocer las debilidades que tenemos y la de los demás. Reconocer cuando nos encontramos en una posición frágil sin mucho espacio de maniobra o cuando las circunstancias nos son favorables o desfavorables.

Por ello la primera tarea ineludible al ocupar un puesto de gerente por primera vez consiste en analizar el entorno y los jugadores que se encuentran en el mismo. Esto implica estudiar con cuidado a los colaboradores que reportaran al nuevo líder, los pares o gerentes con los que se tendrá que trabajar, las fuentes de poder y motivaciones de cada uno en ese entorno. Si esto se hace bien automáticamente estaríamos aumentando enormemente las probabilidades que se tendrán de éxito. Es como tomar una fotografía del hoy de lo que estoy recibiendo para a continuación elaborar un informe para mí mismo de lo encontrado y las circunstancias de lo que se está recibiendo mientras en lo profundo de la mente se va construyendo una imagen que incluya no solo la cara que se está queriendo presentar, sino también lo que se encuentra detrás de tal mascara.

Es común que quien se sienta por primera vez en el puesto de jefe, resulte siendo atacado ya sea por subalternos que quieren retar su capacidad, de pares que quieren hundirlo para evitar que destaque o incluso de jefes que esperan comprobar la madera de la que está hecho el "nuevo" o quieren evitar que destaque para que "no les quite su trabajo".

Ante tal situación el nuevo líder debe tener el cuidado de entender con precisión lo que está ocurriendo, para establecer estrategias ya sea defensivas o de ataque dependiendo de la naturaleza de la amenaza, los recursos de los dispone o la posición en que se encuentra.

Una decisión que resulta difícil y se debe tomar rápidamente cuando se está en la antesala de una amenaza que se avecina es: **"Librar la batalla que se está presentando con los recursos que tengo"** o guardar mi energía y esfuerzo para luchar más adelante. En mi experiencia personal y lo que la historia nos enseña diría que:

**Voy a luchar si y solo si tengo posibilidades de ganar y si los frutos o resultados de tal victoria son lo suficientemente valiosos que justifiquen tal esfuerzo.**

Si no hay posibilidad de ganar o los resultados de vencer no son contundentes, lo mejor será retirarse. De la misma forma que hizo Roma al ver que les era imposible derrotar en el campo de batalla a **Annibal**. El retirarse no implica perder, implica que estamos dando tiempo para luchar más adelante. Y quizás las circunstancias, el medio o el jefe inepto de nuestro gran enemigo nos ayuden a cambiar las circunstancias a nuestro favor.

Algo que resulta crucial y que no se debería dejar de lado bajo ninguna circunstancia está en estudiar a Maquiavelo, ya que acertadamente logró descifrar la naturaleza humana y como actúa en busca de alcanzar y retener el poder. Un líder que quiera triunfar y no quiera ser devorado por el entorno debe ante todo no ser ingenuo. Ya que la ingenuidad bajo tales circunstancias es pecado mortal y el pasaporte seguro para el fracaso.

Muchas veces cuando se habla de **Maquiavelo** se refieren a él como sinónimo de cinismo, cuando lo único que hizo fue plasmar por escrito verdades universales de cómo actúan los seres humanos cuando se encuentran ocupando puestos de poder. De nada sirve creer que todos son buenos y todos trataran a los demás como compañeros. La realidad es muy diferente pareciéndose más a una jungla en donde se debe ser muy hábil para poder mantenerse a flote.

## SEGUNDA TAREA:

### *"Flotar sobre la mediocridad"*

Partamos por decir que la genialidad, la visión clara y la alta capacidad no son comunes. El afortunado que posea ambas cualidades seguramente le tocará encontrarse en medio de personas con una capacidad muy inferior. Es por ello que me atrevo afirmar estando seguro de no equivocarme que una dificultad a superar estriba en conseguir flotar y destacar en medio de tal situación, lo cual suena fácil, aunque no lo sea.

Al decir flotar sobre la mediocridad, significa no hundirse ni mezclarse, ni ser absorbido, significa así mismo el mantener la esencia sobre y a pesar de lo que les rodea el tiempo suficiente que les permita brillar y distinguirse, para de esta manera salir de tal situación.

Lo que implica de lo afirmado en esta parte es que un líder capaz y brillante casi seguramente le tocará enfrentar jefes ineptos. Es decir que todo aquel que quiera triunfar tendrá obligadamente que enfrentar esta situación. Si no logra superar este reto es porque no está destinado al éxito. Así que sabiendo esto no queda otra que prepararse para superar esta situación cuando se le presente.

## TERCERA TAREA:

*"Conseguir resultados a pesar de no contar con suficientes recursos".*

He aquí una parte fundamental de la esencia de un líder. Lo es aquel que tiene en su ADN algo que le permite contra toda lógica superar retos muy difíciles. Es como si el vencer contra todo pronóstico fuera la prueba definitiva que quien lo ha logrado es lo que se afirma de él o ella. Como ejemplo de lo dicho es conocida la historia de los hermanos gemelos de la mitología Maya Hunahpú e Ixbalanqué quienes debieron superar una serie de pruebas venciendo a los Ajawab de Xibalbá. Algo similar ocurrió con Hércules (Heracles) quien enfrento 12 pruebas (o trabajos) extremadamente difíciles.

A todo ser humano le ha tocado superar pruebas para sobrevivir y salir adelante, por lo que los relatos que describen grandes hazañas se convierten en inspiración para todo aquel que se encuentra inmerso en situaciones que por momentos parecen exceder nuestra capacidad.

Es esta la razón por la que un verdadero líder no se queda solo en realizar un recuento de las cosas que tiene en contra que le impedirán lograr lo que se propone. Se centra primordialmente en encontrar la forma de superar los retos que se le presenten con los recursos que tiene disponible. Y uno de los retos que seguramente le surgirán está el lograr los resultados que se esperan con recursos y apoyo muy limitado.

Una buena propuesta para el nuevo líder que se encuentra inmerso en conseguir resultados con recursos limitados es utilizar ampliamente la estrategia del **Jugaad Innovation**. Este es un concepto desarrollado en la India. Y aunque los humanos de todas las épocas y lugares bajo diversas circunstancias lo han utilizado, son los hindúes los que le han dado nombre y lo han utilizado estando conscientes de lo que significa e implica.

Mi formación inicial es de arquitecto y un catedrático en alguna oportunidad me dijo algo que siempre he tenido presente y es que **"Una imagen vale más que mil palabras"**. Por lo que a este concepto quiero darle una imagen para explicarlo.

La agencia espacial India /ISRO) lanzo a Marte el 5 de noviembre del 2013 el **Mars Orbiter Mission** (MOM) conocido con el nombre de **Mangalyaan**. Esta misión logró llegar en septiembre del 2013 a su destinó siendo un éxito total cuando el 50% de las misiones enviadas anteriormente por otros programas espaciales habían fracasado. Lo extraordinario de tal éxito está en el hecho que esta misión se pudo completar a un costo 10 veces menor de lo que cuesta una misión similar enviada por la Agencia Espacial Estadounidense. La razón de tal hazaña tiene un nombre: **Jugaad Innovation.**

Hay mucho que se puede hacer cuando no se cuenta con suficiente presupuesto o este es muy limitado. Y algo que definitivamente no se puede dejar de lado consiste enfocarse en lo esencial y buscar las opciones o el modo de cumplir con los objetivos centrales al costo más bajo posible, con la tecnología justa (ni muy sofisticada ni muy básica) empleando los recursos justos. Implica por lo tanto una forma de actuar que se vuelve tan efectiva que termina exprimiendo el rendimiento de cada centavo utilizado.

La sonda **Mangalyaan** pudo ser tan económica porque fue construida con poco peso llevando los equipos necesarios para cumplir con los objetivos trazados, no llevaba equipos de más ni de menos. Adicionalmente se planifico toda la misión pensando en el uso más eficiente posible del combustible, para lo cual aprovecharon los principios gravitacionales que obligo a que la sonda tuviera que dar 6 vueltas a la tierra. Los motores se encendían al momento en que la gravedad de la tierra la aceleraba. En cada vuelta la sonda fue acumulando velocidad y solo cuando logro la suficiente se impulsó hacia Marte. Una sonda norteamericana salió después y llego antes porque no tenía restricciones presupuestarias tan ajustadas por lo que no se molestaron en aprovechar este principio físico. La agencia espacial India no contaba con tantos recursos por lo que debió utilizar el ingenio para lograr sus metas. Observemos que una limitación de presupuesto tan grande no fue impedimento ni excusa para dejar de actuar y lograr las metas que se propusieron.

**CUARTA TAREA:**

*"Adaptarse, crecer y superarse en cualquier medio, bajo cualquier circunstancia".*

## *"Las oportunidades se multiplican a medida que se aprovechan"*

*Sun Tzu*

Si las tres tareas anteriores se han logrado superar y además hemos conseguido la adaptación al entorno, lo que sigue a continuación es crecer y superarse.

Esta tampoco es una tarea fácil y al igual que las anteriores es fundamental para destacar sobre la multitud. Es este el pequeño gran detalle que separa a los que son realmente brillantes de aquellos que son simplemente buenos. No basta con ser bueno, para ser excelente se requiere ir mucho más allá de donde se supone que se debería haber llegado con los recursos limitados, jefes, compañeros y algunos subalternos en contra. Aquel que logre superar esta tarea estará listo para escalar al siguiente nivel.

Los gerentes de línea que son líderes excepcionales son los que no ven limitaciones en cada situación que se encuentran. Son los que ven posibilidades en donde otros solo ven problemas. Y esta diferencia en su modo de ver es lo que les permite explorar tales posibilidades para superarse una y otra vez y todas las veces que sea necesario para siempre seguir creciendo. Se adaptan, siguen adelante y continúan sin desmayar.

Este tipo de líder es capaz de inspirar, con el ejemplo. No se limitan a indicar el camino, son los que están al frente investigando y buscando por sí mismo de tal forma que cuando lo encuentra es el que guía a los demás por tales rumbos.

## QUINTA TAREA:

*"Conocer a los demás participantes, ¿Con quienes cuento? ¿De quienes me debo cuidar? ¿Cómo debo actuar con cada uno según su postura a favor o en contra de mi.*

Esta que aquí se presenta como la quinta tarea es junto a la primera un complemento de todas las demás. Es decir que para poder comprender el entorno, flotar sobre la mediocridad, conseguir resultados a pesar de las circunstancias y limitaciones que se presenten y adaptarse y crecer es necesario tener siempre presente que a nuestro alrededor hay personas que se encuentran actuando sobre y alrededor de nosotros y que lo queramos o no afectan e influyen sobre lo que nosotros estamos haciendo, ya sea para beneficio o daño de nosotros. Tales personas ya sea consciente o inconscientemente deben ser tomados en cuenta constantemente. Es algo así como si estuviéramos manejando un carrito eléctrico loco de esos que se colocan en las ferias y parque de diversiones tratando que no nos choquen. En tales circunstancias debemos estar pendiente de lo que está ocurriendo al frente y alrededor para evitar los que van directo a chocarte.

En la primera tarea se pide evaluar lo que ocurre en nuestro entorno y quienes actúan en el. En esta parte lo que se debe hacer es identificar los intereses de cada persona a nuestro alrededor en relación a nuestro éxito o fracaso. Esto porque nuestro éxito lo perciben como amenaza a lo que hacen o la situación que se encuentran o porque nuestro éxito o fracaso está en linea con sus propios resultados porque beneficiaran o dañaran su carrera. El punto aquí es que debemos identificar cada actor y la sus intereses expuestos u ocultos sobre nosotros.

> *"Uno debe de ser un zorro con el fin de reconocer las trampas y un león para ahuyentar a los lobos."*

*Nicolás Maquiavelo*

Con tal conocimiento deberíamos de trazar una estrategia consistente para neutralizar cada amenaza identificada al mismo tiempo que se trabaja en sumar aliados y ganar cada vez más adeptos que encuentren en nuestra agenda de trabajo y resultados, puntos en común de tal forma que nuestro esfuerzo y resultados sea visto positivamente por tales personas.

## Capítulo 4

*¿Cómo es y cómo actúa el líder? ¿En qué se diferencia de los demás?*

*"Ningún hombre será un gran líder que quiera hacerlo todo por sí mismo u obtener todo el crédito por hacerlo"*

**Andrew Carnegie**

En algún momento de mi adolescencia jugué por un tiempo ajedrez en la federación nacional que quedaba próxima a mi casa. Y me ocurrió en más de una oportunidad, que cuando estaba enfrascado jugando no me era posible darme cuenta de alguna jugada que podría haberme dado la victoria con facilidad o que al menos no perdiera la partida en curso. Al terminar y pasar por las mesas observando el juego de los demás me era fácil ver con claridad jugadas que los que estaban en el juego no podían observar. Extrapolando esta experiencia a la vida diaria, me hizo comprender que muy a menudo nos es difícil saber en dónde nos encontramos. Por alguna razón somos ciegos a nuestro propio error. Y la única forma de descubrirlo se da cuando alguien más nos lo hace saber y estamos abiertos a aceptar dicha realidad. Es como si necesitáramos de un lazarillo que nos guíe por la vida para sortear los obstáculos, para no equivocarnos.Reflexionando al respecto me he preguntado, si tal incapacidad de ver el propio error no sea de alguna forma una bendición para los que están destinados al éxito, porque quien toma conciencia de esta situación lo hace estar alerta a tal punto que no deja que las luces del triunfo lo deslumbren al mismo tiempo que adquiere la humildad suficiente que surge de reconocer sinceramente que siempre deberá tomar en cuenta y apoyarse en los demás. Es como descubrir que para triunfar también necesitamos de un equipo de apoyo que debe ir construyendo conforme las circunstancias cambiantes se presenten.

Así que he aquí otra característica fundamental que debe tener un líder. Lo es aquel que sabe que lo es y que al mismo tiempo tiene la capacidad de fusionarse en sinergia con sus colaboradores y seguidores. Es como si quienes siguen al líder lo hacen porque confían en él, se sienten bien con él y al mismo tiempo están dispuestos a arriesgarse por su líder. Quien solo se aprovecha de sus seguidores o quien solo los utiliza como escalones para subir no son realmente líderes, ya que podrán subir un poco a corto plazo como preludio del fracaso o el estancamiento porque finalmente se quedarán solos.

Durante la carrera profesional a todos no ha tocado o nos tocará tener que estar bajo el mando de jefes que creen que parte de su labor consiste en hostigar a sus subalternos, debiendo exprimirlos al máximo. Ya hace algunos años conocí a alguien así. Un jefe que al delegar funciones actuaba de la siguiente forma:

Si las metas se conseguían obteniéndose los resultados esperados lo reportaba a sus superiores como mérito propio sin hacer referencia de quien había realizado o colaborado en los resultados obtenidos, es decir que acostumbraba a robar los aciertos y méritos de sus subalternos. Pero por el contrario si los resultados no eran los esperados acostumbraba a culpar a quien había sido responsable de los desaciertos, es decir que ponía la cabeza del desafortunado en una picota. "Se adjudicaba todos los aciertos de su equipo de trabajo sin hacerse responsable de los reveses".

Tal jefe generaba a su alrededor y en sus subalternos un sentimiento de rechazo y odio tan grande hacía él, sin darse cuenta de ello.

Muchos de sus pares también se daban cuenta de esa forma de actuar, tanto así que en una oportunidad pude escuchar lo que se hablaba de tal jefe. Un colega hablando de dicho individuo describió la situación perfectamente cuando comentó lo siguiente:

*"Un buen jefe es aquel que, si va a la batalla, sus hombres lo protegerían cubriendo su espalda y lo harían aún con su vida".*

Continúo diciendo:

*"...Mientras que ese fulano que se cree jefe si fuera oficial y estuviera en guerra seguramente sería de los primeros que moriría en el campo de batalla...!"*

*"¡...Muy probablemente por una bala que viniera de atrás!"*

No hay peor jefe que aquel que es odiado por su propia gente. Siempre he creído que de alguna forma el destino del líder está indisolublemente ligado a la de las personas que le reportan a tal punto que si triunfan lo hacen todos y si fracasan igualmente será un fracaso de todos. Cuando se llega a este punto es cuando el liderazgo realmente es efectivo. Es cuando los éxitos como los fracasos son asumidos por todos a un grado tal que todos trabajan en pos de una meta común. Es cuando todos trabajan en la misma dirección. Y la única forma de lograrlo es delegando las responsabilidades con la plena certeza que ya sean que los resultados sean buenos o malos tanto el jefe como el subalterno que lo llevó a cabo son copartícipes y corresponsables de tales resultados.

Todos los grandes líderes de la historia que perduraron han tenido seguidores fieles dispuestos a seguirlo aún hasta la tumba. Es por ello que **Napoleón** al ser derrotado debió ser desterrado para asegurarse de esta forma que sus seguidores no causarán problemas. Es por ello que cuando querían destruir a un líder en el imperio Romano se tomaban muy en serio las medidas para neutralizar a sus tropas y seguidores. Si alguien pretende ser líder debe ganarse la confianza y la voluntad de quienes lo apoyarán. De no ocurrir de esta forma es porque tal persona no es un verdadero líder.

Un buen gerente al igual que un buen líder no necesariamente es el mejor de todos en el trabajo que se realiza. Si lo debe ser siendo capaz de sacar lo mejor de cada miembro que se encuentra en su equipo. Porque al final de cuentas la función que debe realizar consiste en lograr que todos trabajen por el equipo haciendo lo mejor que saben hacer. Esto significa que el líder debe ser capaz de poder descubrir las fortalezas de cada uno de quienes le reportan para luego lograr que sean bien aprovechadas para beneficio de todos, al mismo tiempo que conoce las debilidades y logra que estas no afecten de ninguna manera los resultados. No es de poner a que todos hagan todo. Es lograr que el trabajo se realice por la persona idónea en cada caso. El resultado de trabajar de esta forma se traduce en equipos de alto desempeño al punto tal que el equipo trabaja bien, aunque en algunos momentos falte alguien. Son aquellos equipos en donde no se ve dónde está el líder porque todos de alguna forma asumen el liderazgo siendo cada uno de ellos extensiones del propio líder.

Un buen gerente tiene la suspicacia necesaria para ir más allá de las palabras al punto que es capaz de entender una situación que está ocurriendo con muchísima rapidez. Conoce perfectamente a cada uno de quienes le reportan siendo capaz de asignar la tarea al sujeto idóneo para realizarla, y esto porque sabe que cada éxito de cada uno de sus colaboradores es su propio éxito porque supo asignar correctamente. Para llegar a este punto es necesario conocer a profundidad las fortalezas y debilidades de cada uno de quienes le reportan.

He conocido malos jefes que jamás se han tomado la molestia de tratar de entender a quienes le reportan, esto porque no les importa en lo más mínimo o porque se sienten tan superiores que pretenden establecer una distancia que lo separe de los que considera inferiores a él. Esto es la forma más estúpida de actuar. Y cuando afirmo esto lo hago porque cada uno de los grandes líderes que son reconocidos como tales a lo largo de la historia han actuado justamente al contrario de los malos jefes.

Veamos el ejemplo de **Alejandro Magno**, quien peleaba al lado de sus hombres, compartía con ellos, se involucraba con ellos. Como he indicado en este capítulo, si el líder pretende ganarse la confianza y la fidelidad de quienes le reportan, para ello debe convivir con ellos, entenderlos, saber que los motiva, que los inspira y ante todo cuáles son sus aspiraciones, para luego unir sus motivaciones con las propias a fin de luchar en busca de aspiraciones comunes.

La razón por la que existen unos pocos líderes y muchos seguidores se encuentra en que los primeros siempre saben a dónde y cómo ir, mientras que para la inmensa mayoría les es muy difícil poder visualizar con claridad el destino y el rumbo que se debe tomar para llegar. Siempre es más fácil tomar la única decisión de a quien seguir, porque una vez que lo haga lo único que hará es seguir el rumbo que le marquen. Yo lo he comprobado a lo largo de mi vida. La inmensa mayoría de seres humanos no quieren pensar por sí mismos. Siempre van a preferir que alguien más piense por ellos. Y esto se va acentuando mientras la inundación de información, redes sociales y exceso de comunicación e información que hay disponible siga acrecentándose, lo que hace que todo se vuelva cada vez más confuso. La realidad de cada quien se está convirtiendo cada vez más en aquella que proviene de las pantallas de sus dispositivos a los que se conecta diariamente.

El líder por lo tanto es aquel que siempre prefiere tomar sus propias decisiones y busca el camino por sí mismo no dejando de lado las opciones disponibles que provengan de su experiencia y conocimientos o de los demás. No le gusta que le indiquen por donde debe ir, prefiere siempre indicar el camino a seguir. Esto lo puede llevar al éxito, así como también lo puede llevar al abismo del fracaso como ha ocurrido muchas veces a lo largo de la historia.

Quiero finalizar el presente capítulo explicando una característica que no le puede faltar a los líderes en su papel de Gerentes de Línea. Lo resumiré en una frase empleando una palabra que dentro de este concepto tiene una connotación fascinante:

*"Todo líder debe poseer el superpoder, de ser catalizadores de quienes lo rodean al punto tal que su mera presencia transforme la mente y voluntad de todos, asegurando con ello el éxito."*

La palabra clave aquí es ser **"Catalizadores"**. Un catalizador es un elemento que con solo su presencia transforma las propiedades químicas y físicas de lo que lo rodea. Hay catalizadores positivos que aceleran y negativos que retrasan tales procesos. Para esta definición en particular estoy hablando de ser un catalizador positivo.

# Capítulo 5

*¿Cómo se debe liderar? ¿En qué se diferencia un buen líder de un mal líder?*

"El talento gana partidos, pero el trabajo en equipo gana campeonatos". Michael Jordan

No es posible considerar a un líder como tal si no es capaz de formar un equipo de trabajo integrado, funcional y efectivo.

Michael Jordan lo comprendió y descubrió que su enorme talento se podría esfumar con facilidad en medio de un equipo desintegrado. Ganar partidos no asegura que se obtendrá el campeonato. Solo en un verdadero equipo Michael fue capaz de cosechar consistentemente éxito tras éxito.

En el trabajo del día a día es el líder el llamado a hacer que el talento de cada miembro que forma su equipo tenga las condiciones apropiadas para desarrollarse, para dar fruto.

Si una persona talentosa no tiene las condiciones apropiadas, sus habilidades pueden terminar diluyéndose en condiciones de mediocridad.

*"El secreto de mi éxito fue el rodearme de personas mejores que yo"*

**Andrew Carnegie**

Y he aquí otro punto importante que debe atender el nuevo gerente. Debe enfocarse en propiciar las condiciones adecuadas para que todos y cada uno de quienes le reportan sean capaces de desarrollar sus habilidades a favor del equipo. Es velar porque el entorno de trabajo sea tierra fértil para que los colaboradores puedan crecer como árboles y se llenen de los frutos de los resultados esperados.

Este punto me recuerda una conversación que tuvimos Con Gerardo Cabrera hablando del equipo que me reportaba en CEMGUA en relación a la que en su momento era la mejor asesora de ventas del equipo:

*"Jenni es una excelente vendedora y puede conseguir muchísimo más que lo que logra. Lo que ocurre es que nunca ha tenido buenos gerentes por jefes. Eso ha impedido que pueda desarrollar todo el potencial al máximo de las habilidades que posee…"*

Y continúo diciendo:
*"…El día que tenga por jefe un buen gerente que le de el apoyo y entrenamiento adecuado y sea capaz de desarrollar las habilidades que posee, logrará en ese momento superar muchísimo sus resultados".*

Pues bien el punto es que con el apoyo de Gerardo y una ardua labor de 12 meses, Jeni lo mismo que el resto del equipo fueron capaces de ir superando mes a mes los resultados.

No fue sencillo. El esfuerzo se centro en cambiar actitudes negativas por positivas, entrenamiento constante, apoyo y liderazgo continúo.

No todo grupo de personas que trabajan juntos pueden ser nombradas como equipo. El trabajar juntos no implica necesariamente que sean un equipo.

A lo afirmado hasta aquí hay que agregar que es el líder el responsable de hacer que suceda. Los equipos no se forman de un día para otro. No surgen naturalmente con solo unir personas en una tarea en conjunto.

El gerente nuevo debe asumir el papel de líder debiendo ser capaz de convertirse en el pegamento que una voluntades a su alrededor de forma tal que junto con sus colaboradores logre conformar lo que en administración es denominado **equipos de alto desempeño**.

1. Un equipo de alto desempeño es aquel que logra aprovechar las variadas habilidades de cada miembro, de una forma tal que en conjunto se potencian, lográndose con ello sinergia.

2. También el equipo de alto desempeño tiene la característica que es capaz de seguir funcionando aún si falta uno o más miembros del mismo. Es decir que puede cubrir la falta de cualquiera de sus integrantes.

3. Un equipo de alto desempeño ante cualquier reto y cualquier circunstancia siempre lograr resultados superiores superando al resto de equipos los que ante las mismas condiciones sucumbe.

4. Un equipo de alto desempeño no se rendirá, no se desarmará ni se retirará, ni huirá de la tarea que deba enfrentar, seguirá siempre adelante.

5. Y lo mas importante aún es que en un equipo de alto desempeño no se nota la presencia del jefe. El liderazgo está presente aunque no se pueda observar a simple vista. No se encuentra en la superficie. Se encuentra en las entrañas del equipo. No es superficial, es profundo siendo el pegamento que une al equipo formando parte de su esencia.

Un buen gerente es aquel que siempre será recordado por sus subalternos porque han aprendido de él, se han superado con él.

Lo irónico de todo lo expuesto en este punto es que si el que es gerente por primera vez lográ desarrollar a quienes le reportan haciendo que el equipo funcione, es muy posible que se vuelva innecesario y ya no requieran de él como jefe de tal equipo. Esto puede implicar 2 cosas:

- Que le terminen dando las gracias porque ante sus jefes "No hace nada" el equipo lo hace todo. Si esto ocurre realmente no vale la pena seguir trabajando en tal empresa.
- Que tenga la vía libre para seguir creciendo dentro de la empresa, ya que detrás de él ha ido dejando un rastro brillante que a la vez son bases sólidas para crecer.

Ese es el riesgo de trabajar bien. El de poder perder el trabajo o ascender. No queda opción ya que el trabajar de forma mediocre puede hacer que se asegure un puesto por una eternidad. Ya que ni será despedido por ser necesario, ni será promovido por no contar con nadie que lo pueda suceder.

¿Dime que camino eliges ante tal disyuntiva? Yo en lo particular nunca lo he dudado

# Capítulo 6

*¿Cómo actúa el líder ante los éxitos? ¿Qué opciones tiene?*
*"Todo lo bueno, siempre traerá algunas cosas malas y todo lo malo siempre traerá algunas cosas buenas".*

"La grandeza no es una función de las circunstancias. La grandeza resulta ser en gran medida una cuestión de elección consciente y de disciplina."

**Jim Collins**

Ya en el capítulo 3 hablamos de las tareas que debe realizar un gerente nuevo como líder. Las que, si las hace bien, ineludiblemente lo proyectarán a su entorno afectando en el proceso a sí mismo y quienes lo rodean.

Aunque las tareas indicadas son demandantes, no lo es todo. Hay una que es incluso más complicada de lograr porque implica tener que vencer al más rudo y difícil rival que puede haber, implica vencerse a sí mismo en la peor situación que pudiera presentarse. Esa tarea es la que abordaremos en este capítulo, el tener que enfrentarnos a la peor versión de nosotros mismos (cuando logramos el éxito y nos va bien).

Parece extraño afirmar que nosotros al tener éxito nos convertimos en nuestros peores enemigos, sin embargo, tal afirmación es cierta. El mundo no siempre funciona como debería funcionar. Y es que nuestra lógica no siempre se encuentra tan afinada para tener el panorama correcto teniendo las respuestas correctas, resultando que lo que ocurre a nuestro alrededor es muy diferente a lo que creemos.

Siempre he sido creyente que **todo lo bueno, siempre traerá algunas cosas malas y todo lo malo siempre traerá algunas cosas buenas**. Y la sabiduría en tal afirmación se encuentra en tener cuidado y prepararnos para lo malo que traerá cada cosa buena, y en contrapartida buscar lo bueno de cada cosa mala que nos ocurra. De esta forma podremos sacarle provecho tanto a lo malo como lo bueno que nos ocurra.

El punto medular de esta forma de pensar se encuentra en como los éxitos nos transforman a tal punto de convertirnos en seres distintos de quienes éramos cuando aún no habíamos alcanzado el éxito. ¿Qué ocurrió camino al triunfo?

Para empezar el ego se nos ensancha tanto que las alabanzas y felicitaciones nos impiden ver que una parte significativa no se debe a nosotros. *una parte significativa del éxito que conseguimos corresponde a la suerte* (De estar en el lugar y las circunstancias correctas, en el momento justo y haber conocido a la persona que debíamos conocer). Y que decir de quienes nos han apoyado y que sin ellos simplemente no se habría completado esa tarea que fue determinante para inclinar la balanza a nuestro favor. Es muy doloroso admitir que una parte significativa de nuestro éxito no se debe a nosotros, siendo esa la razón por la que nos es tan difícil aceptar tal realidad.

Lo que sigue a continuación también es difícil de aceptar: **Los triunfos nos enseñan muy poco, llegando a ser casi nada**. Todo lo que sabemos y aún la razón de haber triunfado proviene en gran parte de todos y cada uno de los tropiezos y fracasos que tuvimos antes de lograr el éxito. Es decir que *los triunfos que conseguimos son fruto directo de los fracasos que tuvimos en el pasado*, de la misma manera que una parte significativa de los fracasos que tendremos en la vida se deberán a la arrogancia de sentirnos superiores cuando triunfamos. Muchos de nuestros fracasos que debamos enfrentar en la vida serán el fruto directo de los triunfos mal manejados que cosechamos en el pasado.

Hablar de derrotas cuando logramos el éxito parece extraño, siendo natural que lo evitemos ya que al alcanzar el éxito no se quiere pensar en los muchos fracasos que sustentaron y le dieron base a los resultados que estamos disfrutando. Esto que afirmo es posible confirmarlo con mucha facilidad observando a los famosos cuando ya se han encumbrado y se encuentran en la cima de sus carreras. Escuchemos con mucha atención lo que dicen de sus primeros años, seguramente entre líneas podremos descubrir que parte de su éxito se debió a la suerte y otra más a lo mucho que aprendieron de los reveses de la vida que finalmente los llevaron a tener éxito. Esta afirmación, aunque parece inverosímil es cierta. Y para ello les daré un ejemplo más:

Cada Mundial de Futbol el mundo se la pasa en vilo a lo largo de un mes tratando de adivinar quien será el próximo campeón mundial de Futbol. Cuando termina el campeonato, el equipo y todos los aficionados se sienten ensanchados pensando que son los mejores del mundo. Lo cual tiene mucho de verdad porque de una u otra forma las cosas se hicieron bien. Esto trae la siguiente situación:

- "Difícilmente alguien se atreve a decir lo que se hizo mal, esto porque la euforia del éxito es tan grande que deslumbra cualquier sombra del proceso que llevo a conseguirla".

- El proceso de auto aprendizaje se ralentiza en el éxtasis del momento y por tal razón difícilmente se sacará provecho en forma de aprendizaje del éxito logrado.

Ya entrando en el tema. ¿Cómo debemos actuar ante el triunfo? ¿Cómo no debemos actuar? Y entre estas dos posturas ¿Cómo actuamos?

Dependiendo de las respuestas que le demos a tales preguntas, serán los resultados que se obtendrán tanto en relación a los triunfos que siguen, nuestra trayectoria como profesionales, como también la admiración o rechazo de quienes nos rodean (seguidores, superiores, nuestros iguales).

**Se propone lo siguiente:**

- Seamos conscientes que nuestro éxito se logro gracias al esfuerzo de muchas personas que nos apoyaron y ayudaron, a las circunstancias que jugaron a nuestro favor y la experiencia y pericia que pusimos en el trabajo bien realizado que en gran parte proviene de todo lo que aprendimos las veces que nos fue mal y fracasamos.

- Lo anterior implica asumir una perspectiva objetiva y racional de nuestra situación y que nos permita estar alerta de los muchos males que pueden traer nuestro éxito. Es decir que, el éxito nos puede embriagar al punto de hacernos actuar y pensar estúpidamente en contra de nosotros, por lo que al triunfar debemos estar atentos a lo que ya sabemos lo que lleva a estar prevenidos para en lo posible evitar caer en tales situaciones.

- Un punto importante que considerar también está en observar y tratar de anticiparnos a como se comportarán quienes están a nuestro alrededor. Esto porque debemos estar seguros que a muchas personas no les agradará que triunfemos y tengamos éxito al igual que otras más se alegrarán y estarán con nosotros en tal situación.

- Y finalmente observemos con todo cuidado lo más objetivamente que se pueda la razón de nuestro éxito. Veamos en que puntos tuvimos suerte y quienes y que circunstancias fueron fundamentales para lograrlo. Este punto es fundamental e ineludible.

- Se han hecho estudios y algunos con modelos muy poderosos que han llegado a la conclusión que muchísimo del éxito de quienes triunfan en la vida se ha debido a la suerte tanto de haber nacido y estar en el lugar correcto en el momento correcto, con los recursos y habilidades correctas. No tienen las mismas posibilidades quien ha nacido en una barriada, un tugurio o una favela a quien ha nacido en el seno de una familia pudiente en un país central. Si al lograr el éxito fuéramos capaces de reconocer a nosotros mismos que una parte del mismo se debió a ello, este conocimiento nos permitiría actuar con más sabiduría.

Ojo que lo último que afirmó no debería conducirnos al síndrome del impostor (Que es aquel en donde la persona muy capaz y que se merece los triunfos siente que no lo merece por ser un farsante o impostor). La posición y la actitud que propongo está justo en medio de ambas. Es decir que no debemos caer ni en la arrogancia ni en el extremo de sentirnos no merecedores del éxito. Simplemente debemos ser objetivos con el triunfo para tener presente que una parte significativa se debió a nosotros y otra mas a todo lo demás.

## Capítulo 7

*¿Cómo debería actúa el líder ante los fracasos? ¿Cómo lo debe tomar?*

*"...el que nos venzan una vez, no es sinónimo ni lo mismo que ser derrotados"*

Tanto los éxitos como los fracasos son determinantes para diferenciar y dar a conocer a profundidad a los líderes del resto de los mortales, siendo ambas situaciones las dos caras de la misma moneda.

Si de lo que debemos cuidarnos cuando tenemos éxito, es que las alabanzas y elogios no nos embriaguen, en el caso de los fracasos, lo que debemos cuidar es que tales situaciones no nos saquen del ring al punto tal de quedar tirados en la lona noqueados sin posibilidad de podernos levantar. Una situación que no queremos que ocurra.

Estaremos camino al éxito cuando tengamos una resiliencia tal que nos permita ir a la lucha para intentar vencer, una y otra y todas las veces que sean necesarios entendiendo que *"...el que nos venzan una vez, no es sinónimo ni lo mismo que ser derrotados"*. La derrota ocurre si y solo si y únicamente cuando perdemos la determinación y llegamos a pensar que no vale la pena seguir intentando conseguir el éxito. Un golpe fuerte que nos saque del camino no es el final de la lucha.

Un buen gerente con dotes de líder, destinado a grandes cosas debe ser capaz de seguir adelante a pesar de los reveses que se presenten. Deberá seguir sin perder el rumbo ni desmayarse en el intento. Son muchas las historias que se cuentan de individuos que han sufrido serios reveses y aún así han logrado triunfar aún y a pesar de los pronósticos desfavorables. Cuando leemos las historias de éxito de todos y cada uno de tales personajes que han triunfado y han dejado huella en la humanidad desde la contribución científica de quienes han dedicado su vida en largas jornadas de trabajo, como aquellos que han luchado incansablemente abanderando ideas, ideales o en contra de lo establecido y que ahora son recordados, han tenido que superar reveses, negativas, oposición por lo que tuvieron que aprender a tragarse la amargura sin que ello los hiciera desistir.

Pero ¿Qué es lo que hace que una persona siga adelante Aún y a pesar de todos los reveses que se le presenten?

Será un odio tan profundo e inagotable que nunca se acaba, ¿será quizás un amor tan duradero e incondicional que mantiene siempre el fuego de la caldera de nuestro actuar encendida? ¿Es ese sentido de saberse poseedor de un papel que debe jugar en la vida y que no puede terminar hasta cumplir con lo esperado?

Si lo es. Es determinación, es ese algo que nos diferencia como humanos del resto de la creación que le da sentido a nuestro existir por un ideal, un ser amado, un legado.

# Capítulo 8

*El legado de un líder. ¿Cómo espera que lo recuerden?*

Foto tomado del sitio National Geographic: www.nationalgeographic.com.es

Este el punto medular de todo lo escrito hasta aquí. Todo lo que soy, lo que he vivido, las circunstancias que han determinado mi vida me llevan a cuestionar mi actuar y mi forma de ser. Al cuestionar mi hoy desde la perspectiva de mi pasado iluminando el futuro que me espera tratando de imaginar lo que quedará una vez que ya no esté.

Los trabajos en la actualidad son muy distintos de lo que eran en el pasado. Imaginemos (Desde nuestra perspectiva actual) lo que pensaba **Miguel Ángel** cuando pintaba la **Bóveda de la Capilla Sixtina**. Es posible que creamos que él estaba pensando lo grandioso que sería y la admiración que sentirían muchas generaciones y millones de personas en el futuro. No estoy seguro de ello. Quizás lo que pensaba en ese momento fuera algo más mundano como que el esfuerzo de su trabajo le permitiría alimentarse y vestirse algún tiempo.

En este ejemplo quiero creer que **Miguel Ángel** al trabajar disfrutaba porque amaba su trabajo, lo que lo hacía sentirse bien, lo que naturalmente daría por resultado lo que podemos observar hoy, una obra maestra universal, única, invaluable que representa sin duda la magnificencia de la humanidad.

Creo que el trabajo de cada uno de nosotros y la forma de actuar ante la vida debería seguir ese enfoque. *"Amar lo que se hace al punto de hacerlo bien porque es esa la esencia de nosotros que se proyecta hacia afuera"*.

Son muy difíciles las tareas que debe realizar el gerente nuevo que llega por primera vez a un puesto importante de dirección. Sin embargo, es posible completarlas si se tiene la determinación y el coraje necesario para ello, y también si y solo si el líder bisoño logra posicionarse en una situación similar a la de Miguel Ángel, es decir que ama y disfruta lo que hace. No hay otro camino.

No podemos ser héroes si antes no tenemos la determinación de un héroe. Y esa determinación proviene del hecho de creer que lo que hacemos tiene sentido, lo que nos da la satisfacción por cada centímetro que se avance en tal dirección. Lo difícil en el mundo moderno surge porque actualmente se dura cada vez menos en cada trabajo, las empresas surgen crecen y desaparecen cada vez más rápidamente y en un mundo tan cambiante, interconectado nuestro trabajo se diluye con mucha más facilidad al punto de sentirnos muchas veces como Sísifo quien en la mitología griega fuera condenado a subir todos los días una roca a la punta de una montaña, la que en la noche volvía a caer, para empezar de nuevo al día siguiente. Sin duda una situación frustrante.

De hecho, me ha ocurrido ya que después de laborar por años en varias empresas esforzándome por hacer bien las cosas con la mente en construir procesos efectivos, he podido ver en varias de ellas lo fácil que todo ese trabajo ha sido botado a la basura. Por ello he optado por escribir este y los dos libros que lo anteceden, porque en ellos estoy volcado los años de experiencia que aprendí, para que de alguna forma "No queden en el olvido" (Que sean parte de mi legado).

En varias culturas y diversos entornos se ha dicho más de una vez que la única forma de trascender nuestra efímera vida, ocurre cuando somos recordados en el futuro por quienes aún no existen.

Desaparecemos en el momento que nuestra presencia, nuestro actuar se esfuma. Y evitamos que esto ocurra cuando somos capaces de aportar conocimientos, ideas, hechos trascendentales, que se han convertido en pasaportes para entrar a vivir en la mente y en la vida de todo aquel que de una forma u otra ha sido tocado por nuestro existir.

Y dentro de todo esto siempre he querido ser recordado porque cada acción, cada palabra, cada pensamiento y opinión que di en algún momento llego a la tierra fértil de una vida con la que en algún momento existió una conexión.
Todos somos capaces de lograr tal conexión con quienes nos rodean, aunque solo las grandes almas son capaces de trascender mucho más allá llegando a ser universal cruzando generaciones.

Todo líder nuevo debería aspirar a esa grandeza que va más allá de lo inmediato y de lo obvio, ese espíritu de honestidad que me conduce a hacer las cosas bien por el simple hecho que una parte de mi ser se encuentra en tales acciones.

Y es esa pasión por el trabajo bien realizado el que nos llevará a dejar un legado que como la Capilla Sixtina que quede ligado por una eternidad a nuestro nombre.

Bueno querido lector. He aquí mi experiencia. Si tienes comentarios, o algo que decir de lo expuesto en estas páginas te dejo mi dirección de correo electrónico para que escribas y me cuentes tu experiencia, será un gusto leer lo que tengas que decir:

Teófilo Mack: mackteo@gmail.com

De igual forma te invito a que puedas leer algunos de los libros que he escrito y que se encuentran disponibles tanto en linea digitalmente como en formato de pasta blanda:

Disponibles en Kindle Amazon.

*El secreto para sostener un arco está en que todos los elementos que lo componen trabajen juntos.*

*Una pieza faltante puede hacer que todo se derrumbe.*

*por analogía en la vida*

*¡...Todo se derrumbará si no equilibramos las piezas fundamentales de nuestro existir!*

www.ingramcontent.com/pod-product-compliance
Lightning Source LLC
Chambersburg PA
CBHW030017190526
45157CB00016B/3106